あれこれ たまご

とりやま みゆき 文　　中の滋 絵

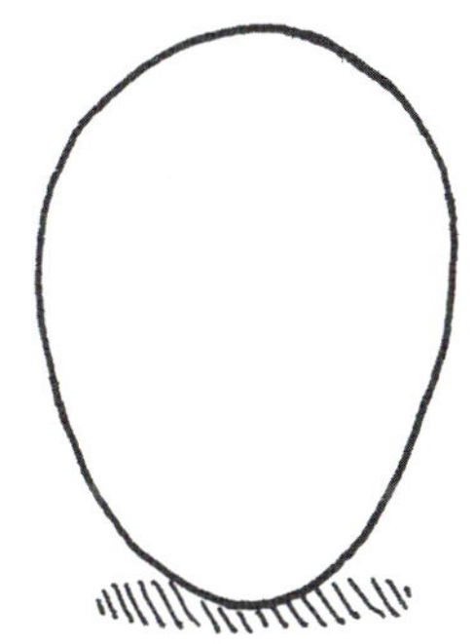

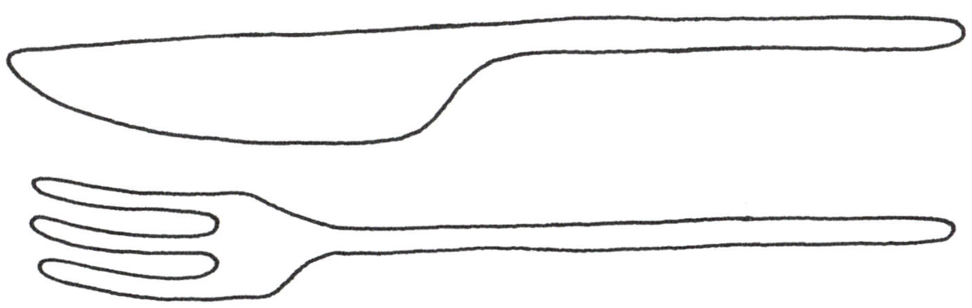

福音館書店

なぁ　しっとった？　　　　たまごは　みんな　おぎょうぎ　ええねん。

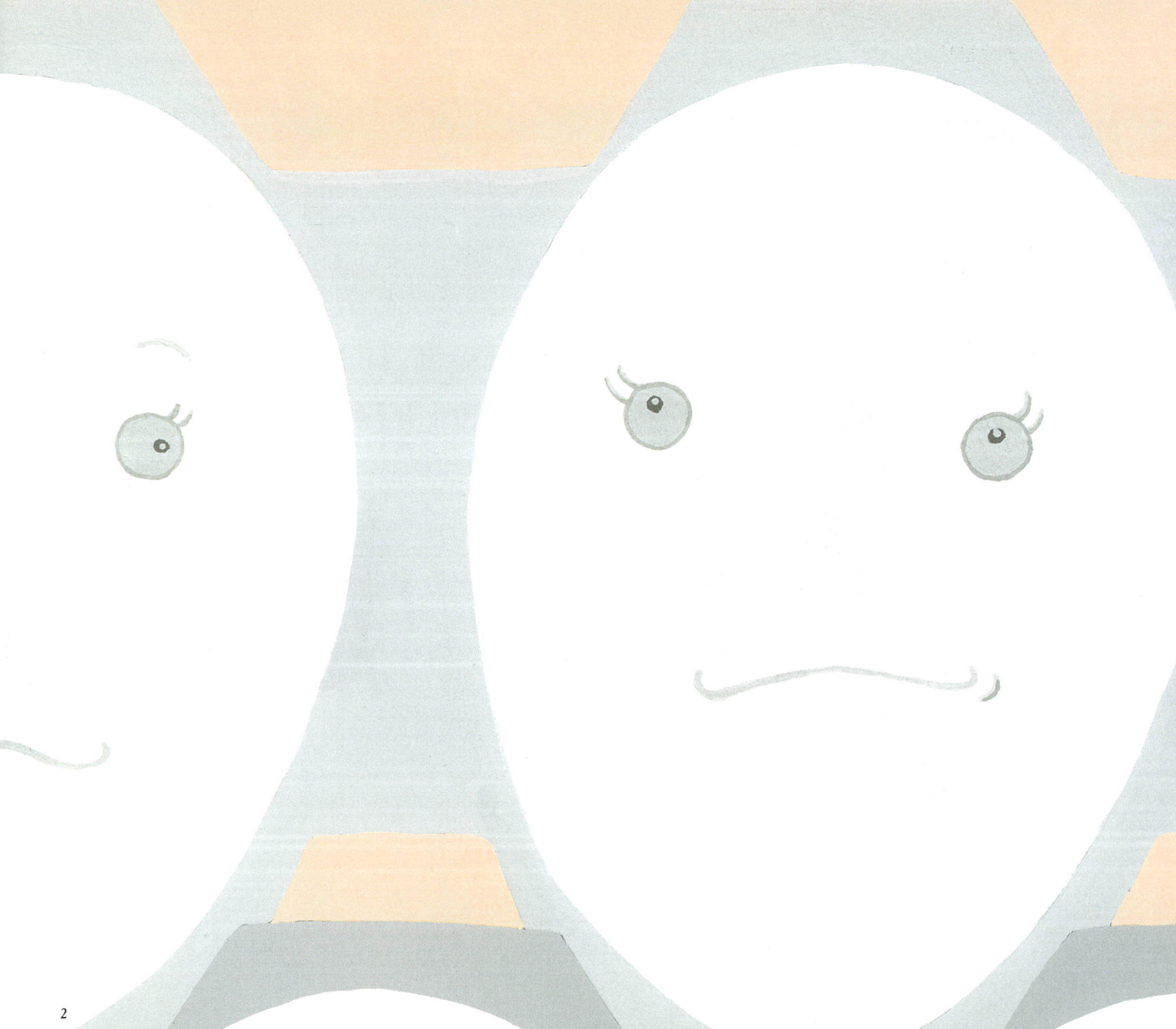

いっつも　せいれつ。いっつも　せいざ。
とがった　おしりが　いつも　した。

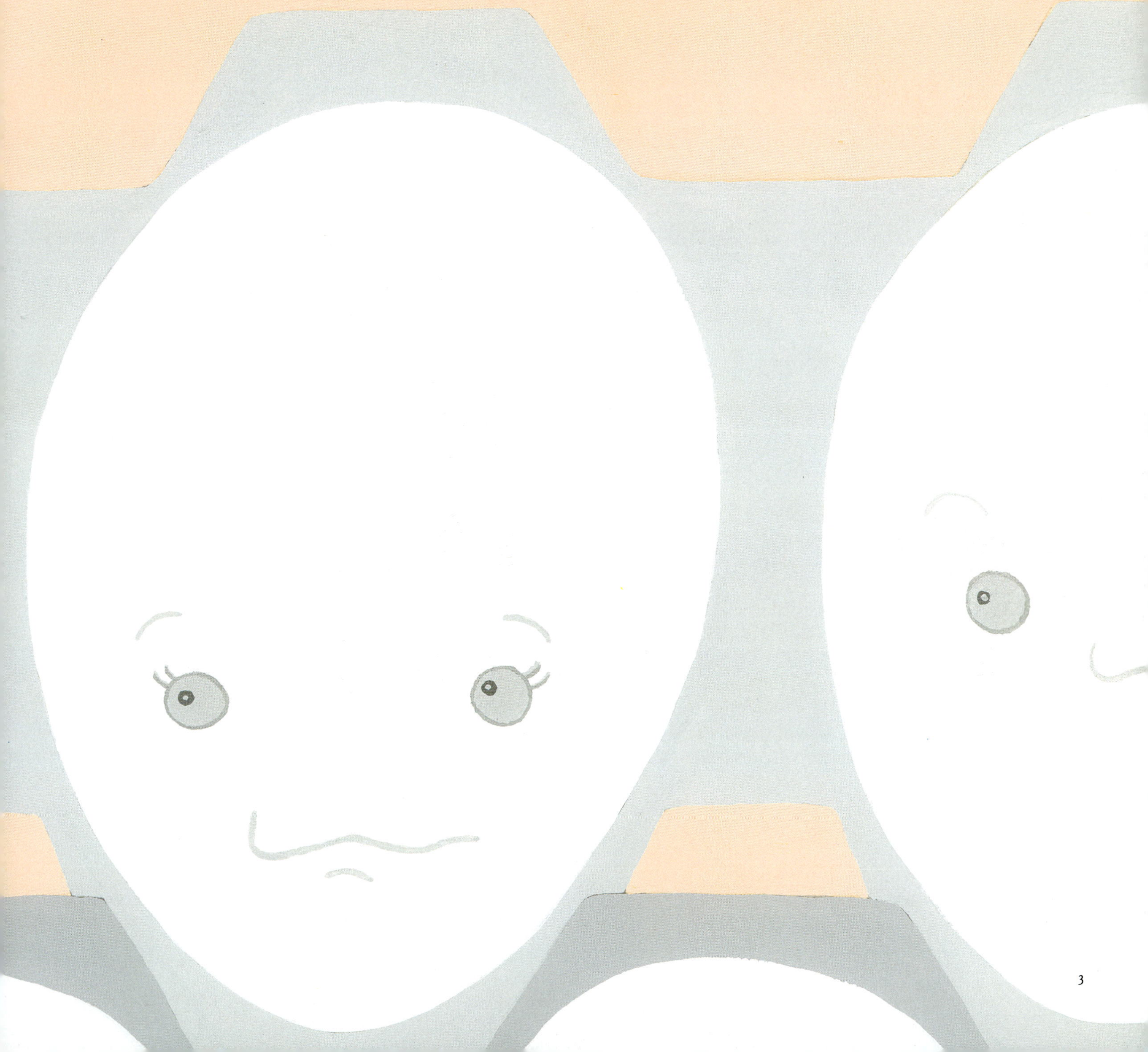

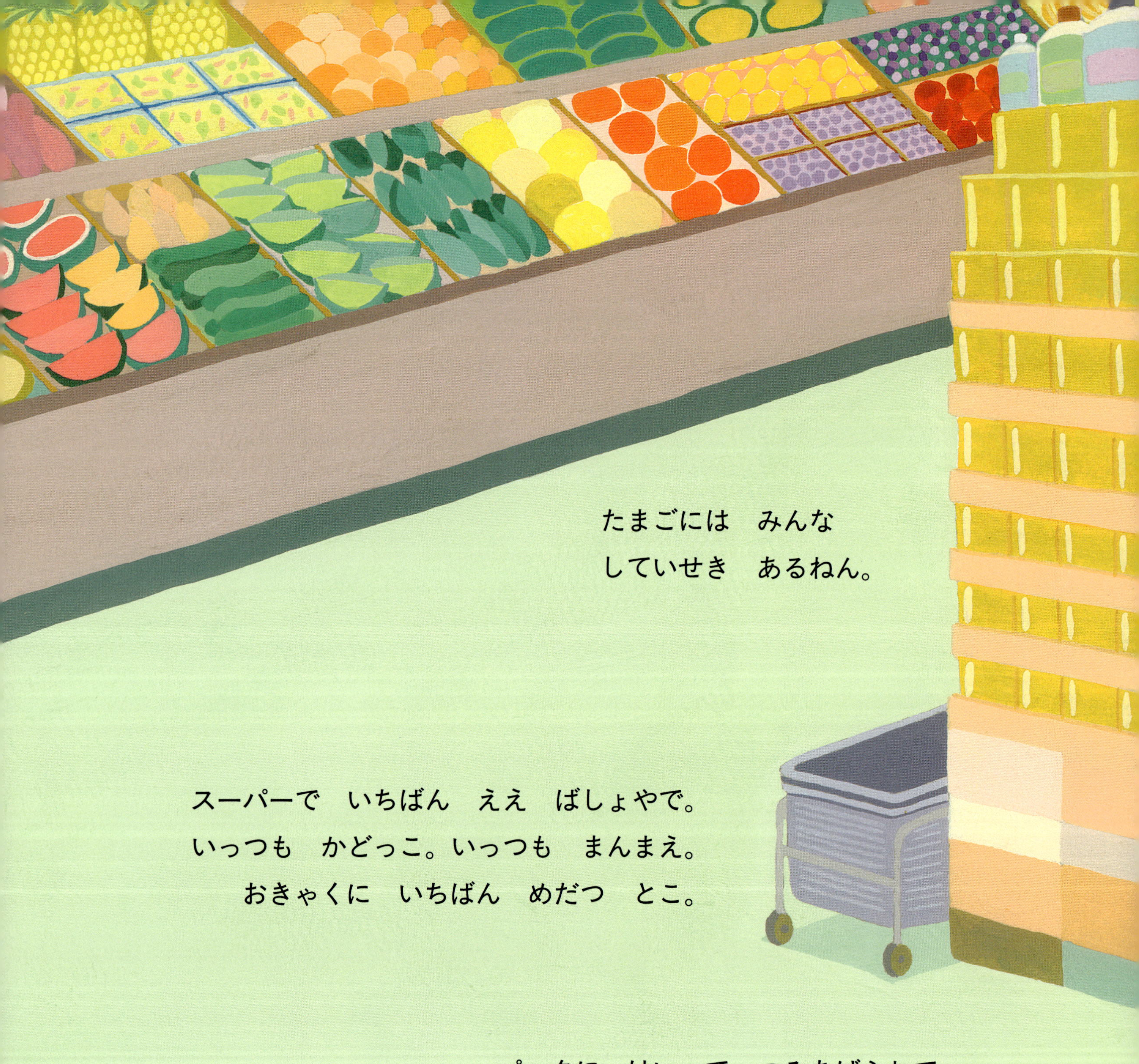

たまごには　みんな
していせき　あるねん。

スーパーで　いちばん　ええ　ばしょやで。
いっつも　かどっこ。いっつも　まんまえ。
おきゃくに　いちばん　めだつ　とこ。

パックに　はいって　つみあげられて。
とうめいパックの　だんちやねん。

たまご の日
SALE
特売品
お買得!!
お一人様2パックまで
お一人様2パックまで

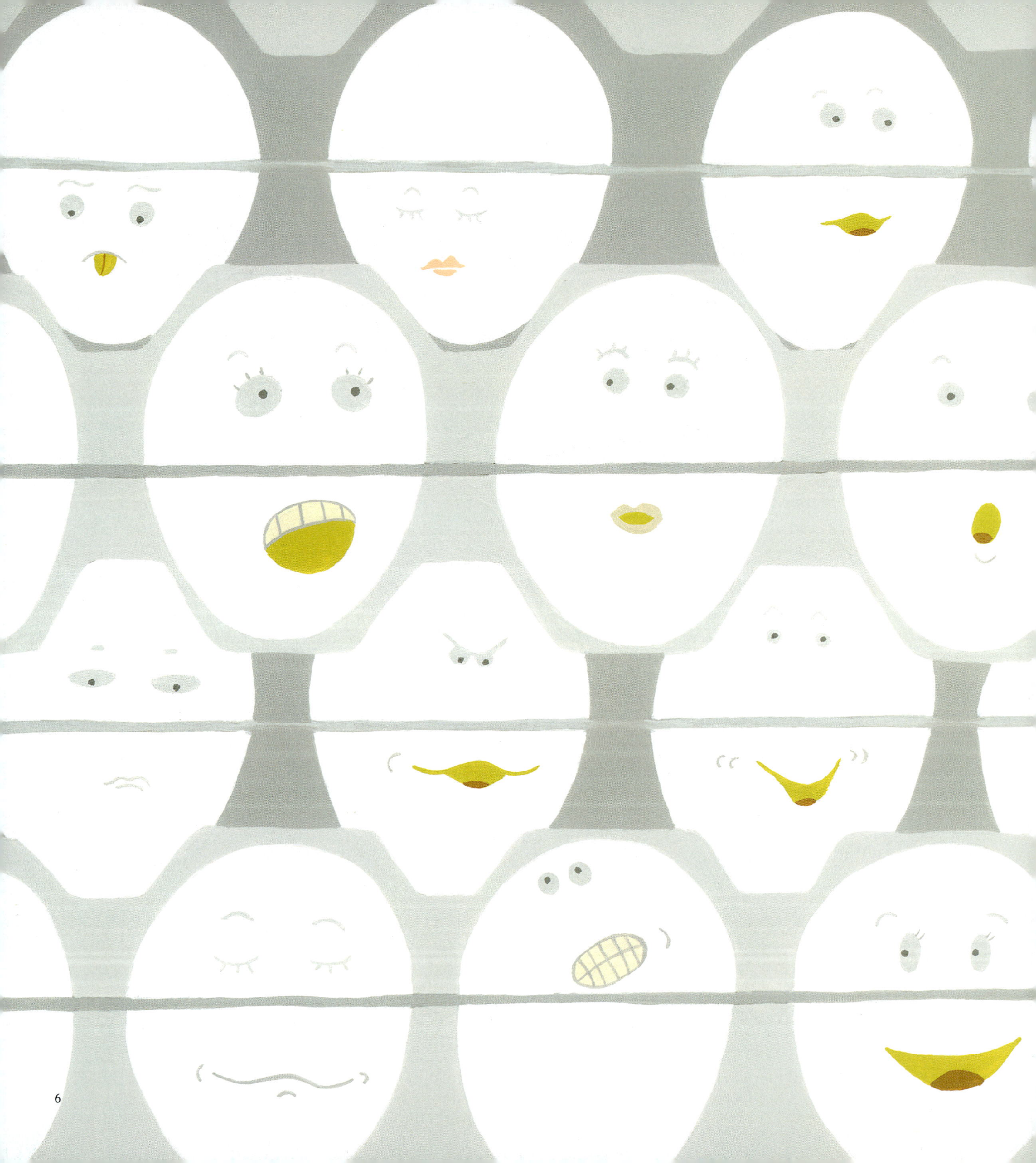

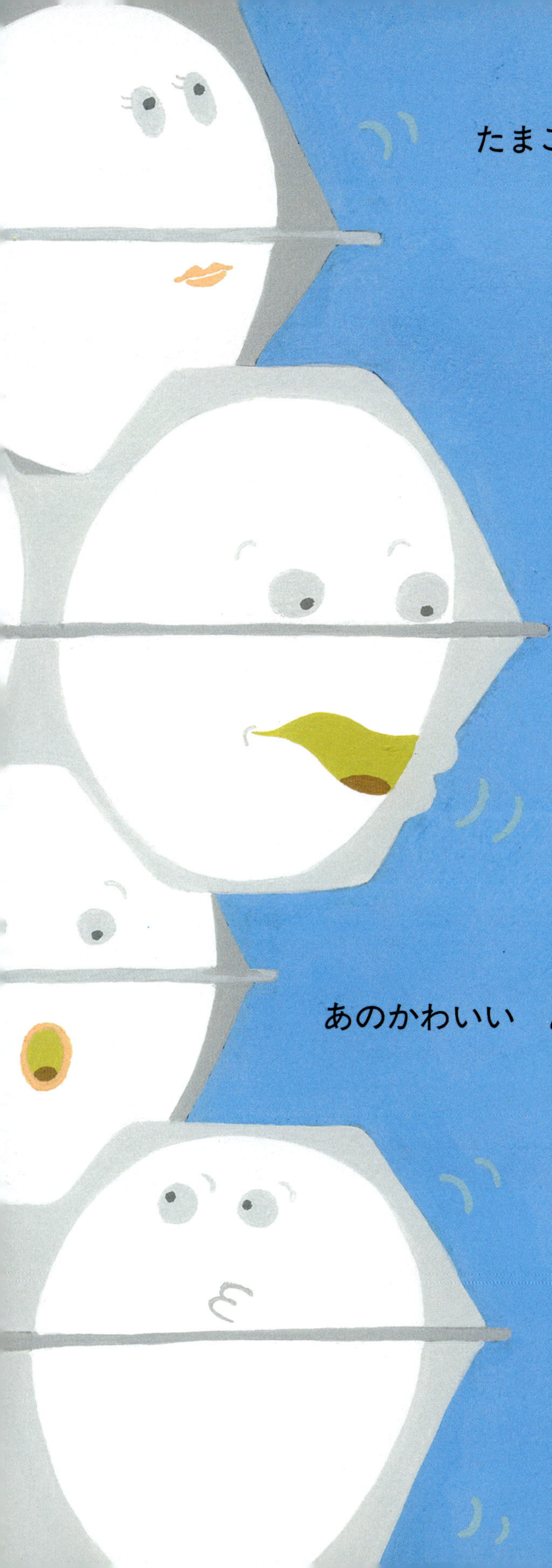

たまごは　みんな　「しゃべり」やねん。

かさねて　つまれて　しゃべってる。
たまごだんちは　おおにぎわい。

パックのなかで　あれこれ　しゃべる。

あのひとにやったら　こうてほしいなぁ。
おりょうりじょうず　みたいやもん。

あのかわいい　あかちゃんちにも　いきたいわぁ。

たまごのはなしは　パックに　ひびく。
たまごだんちは　おおにぎわい。

たまごは　みんな　ゆめ　いっぱい。
ぎゅうぎゅうづめやで、ゆめ　いっぱい。

あれになりたい　これになりたい。
おいしい　おりょうりになりたいねん。
あ〜っ、はよ　へんしんしたいなぁ！

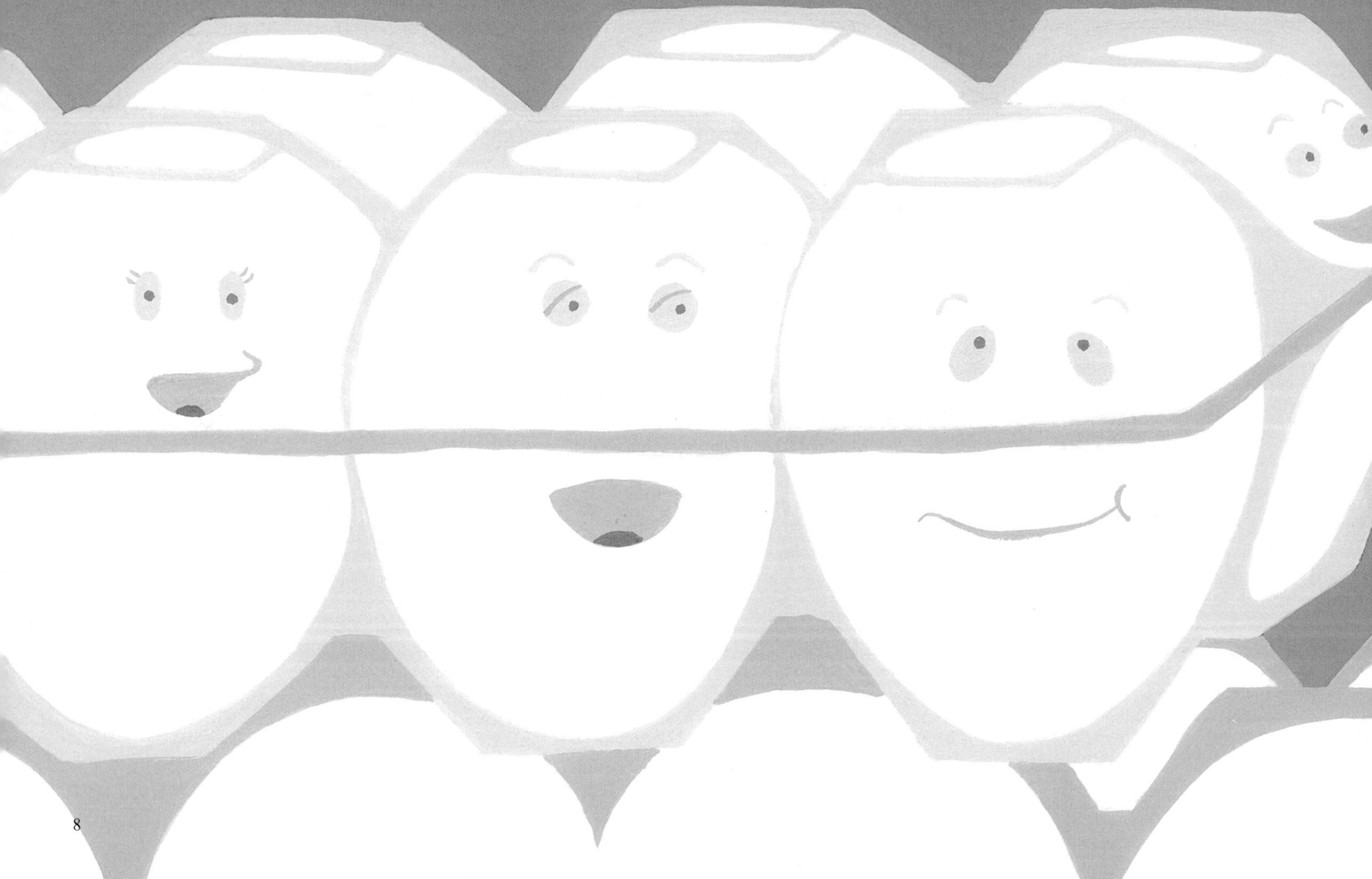

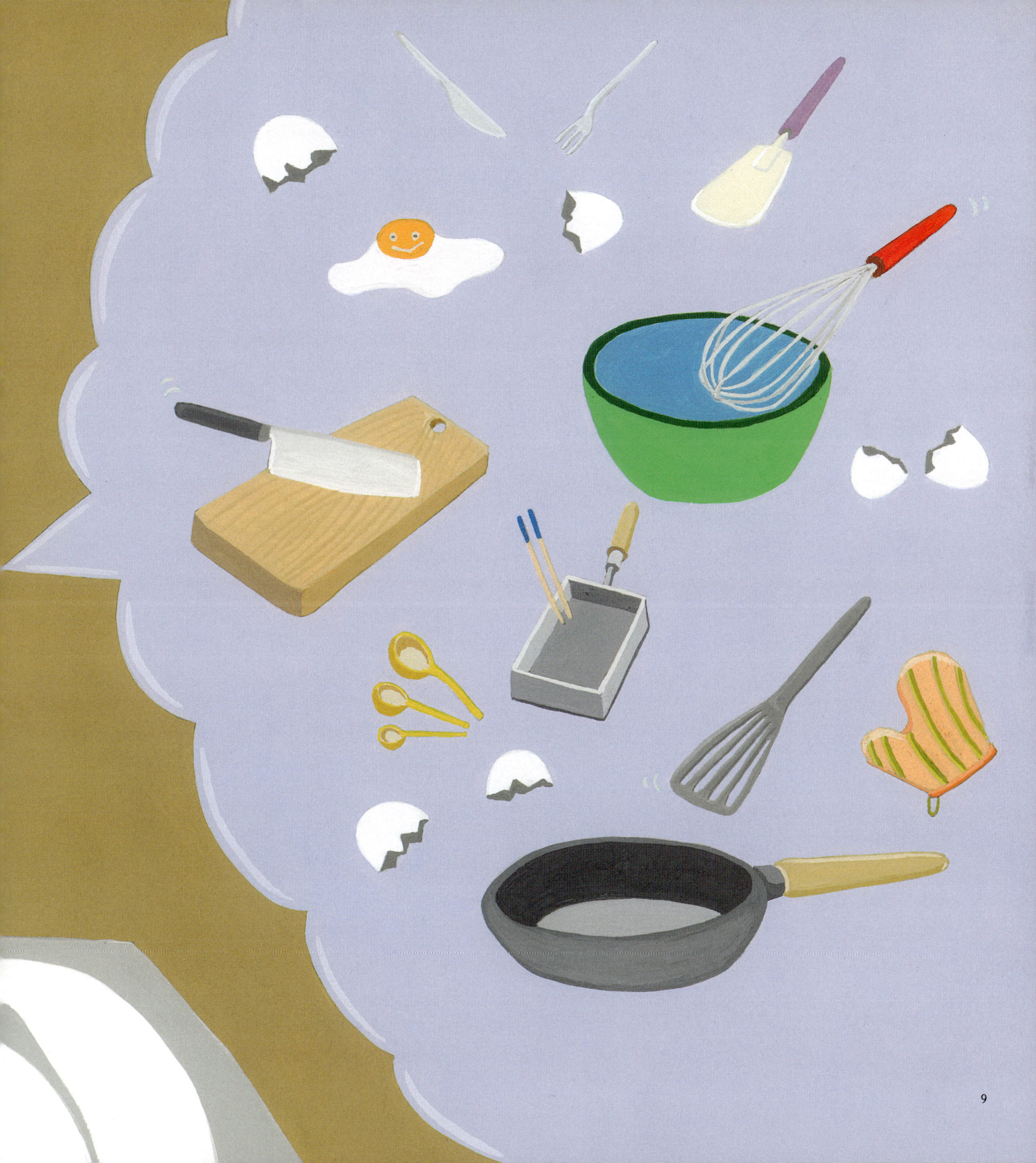

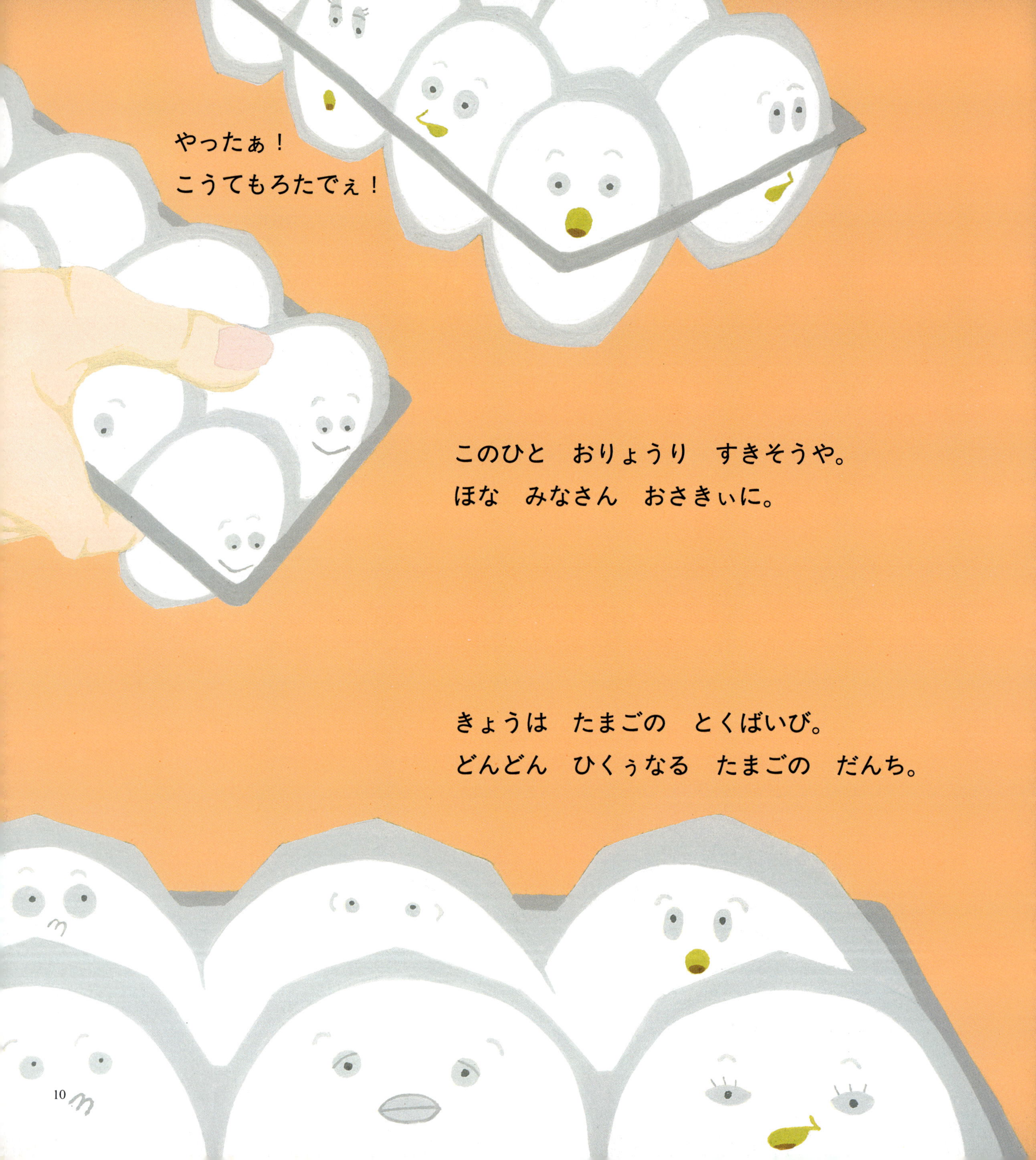

やったぁ！
こうてもろたでぇ！

このひと　おりょうり　すきそうや。
ほな　みなさん　おさきぃに。

きょうは　たまごの　とくばいび。
どんどん　ひくぅなる　たまごの　だんち。

ひんやり　つめたい　とこやなぁ。

ここ、れいぞうこって　いうんやろ？

はいはい、ならぶで　ならぶで～！

はいっ、
いっつも　せいれつ。いっつも　せいざ。
とがった　おしりが　いつも　した。

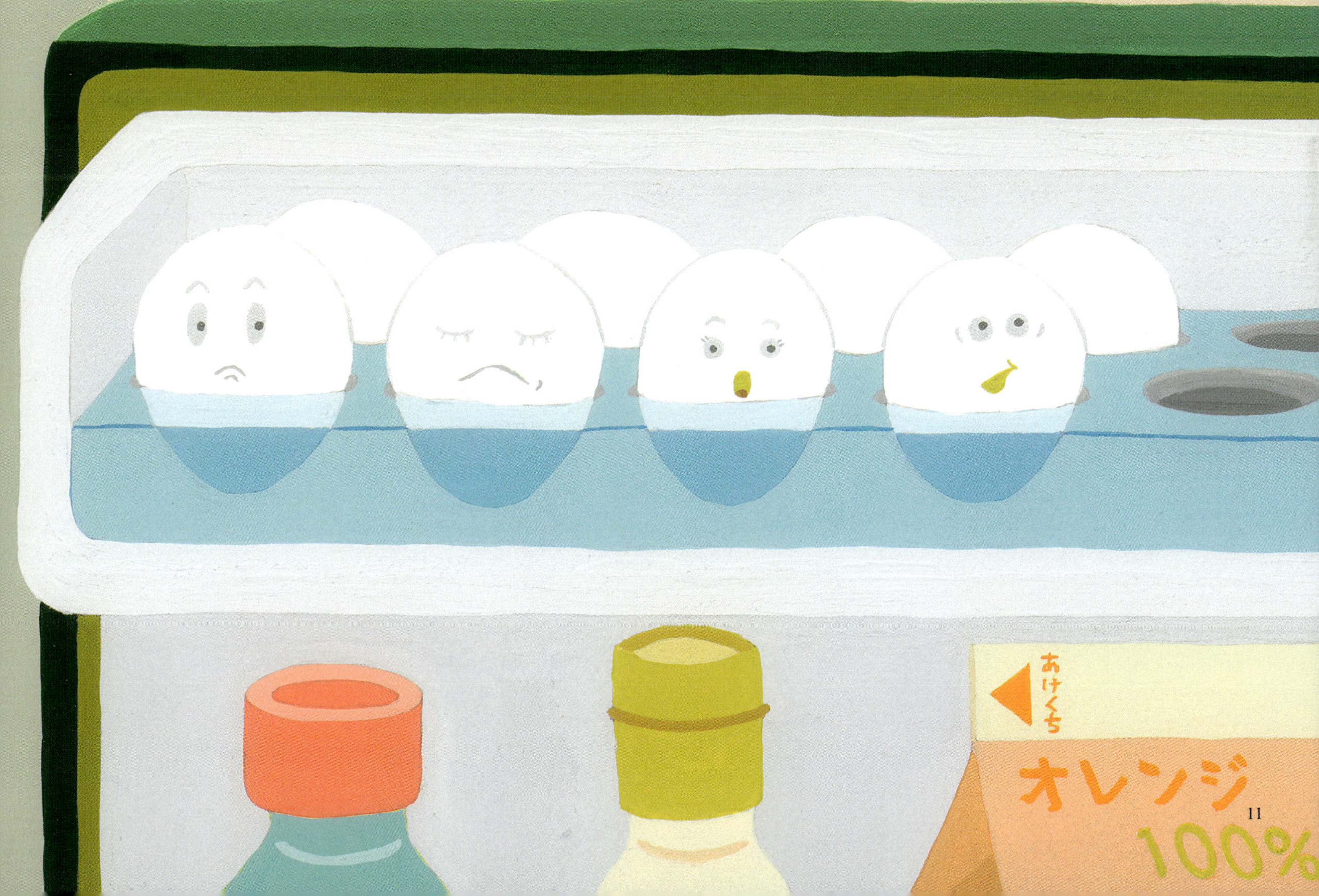

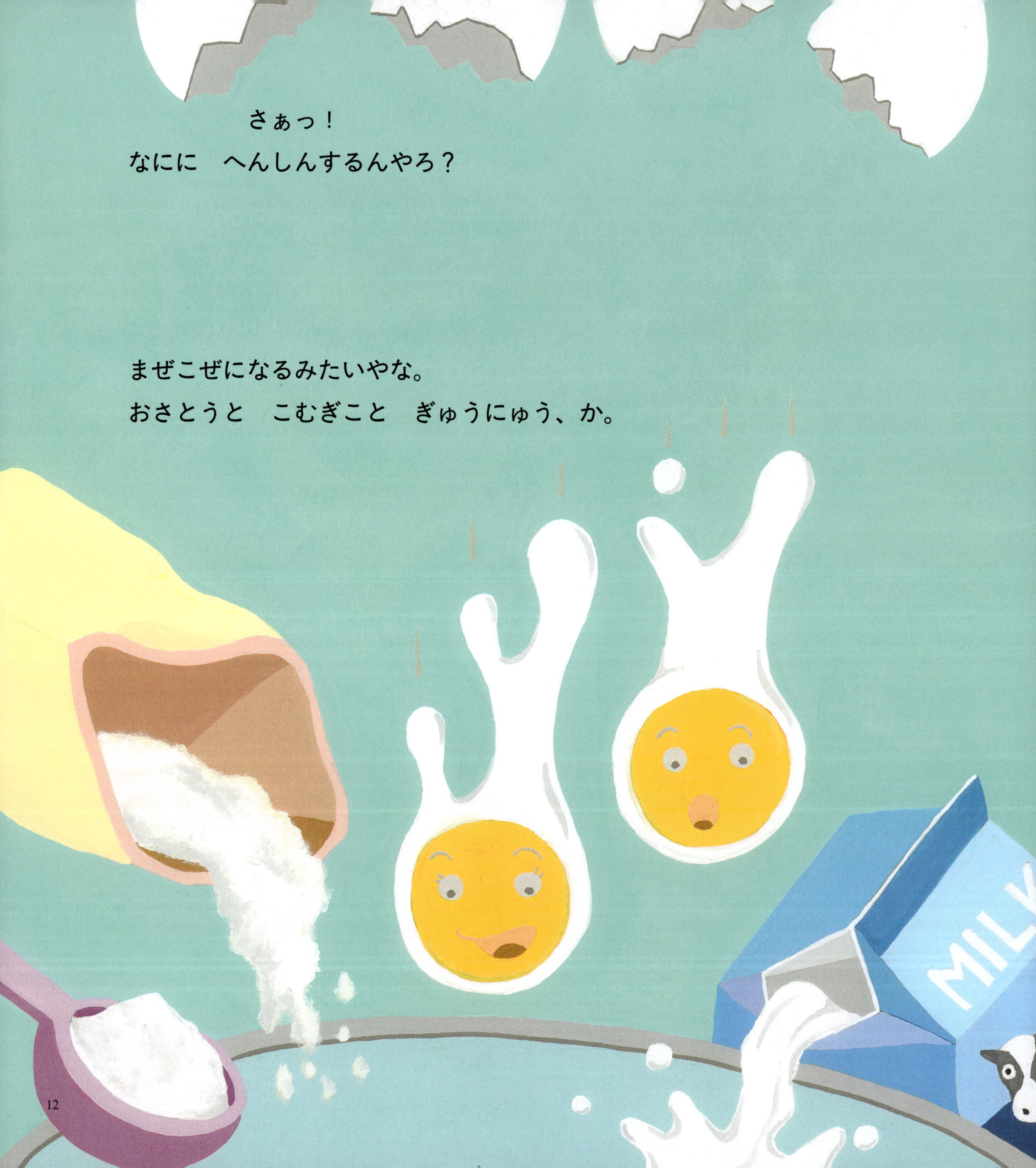

さぁっ！
なにに　へんしんするんやろ？

まぜこぜになるみたいやな。
おさとうと　こむぎこと　ぎゅうにゅう、か。

なんや　えっらい
にちゃあと　なったわぁ。

あれ、なんや　あつぅなってきた。

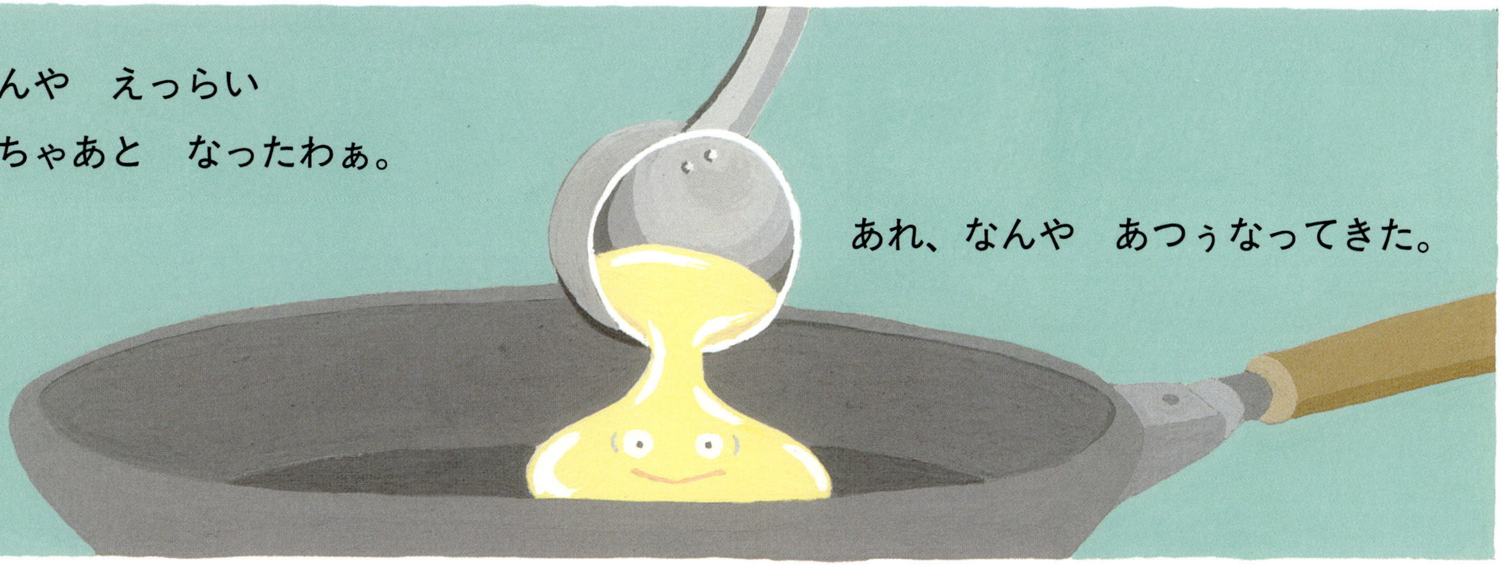

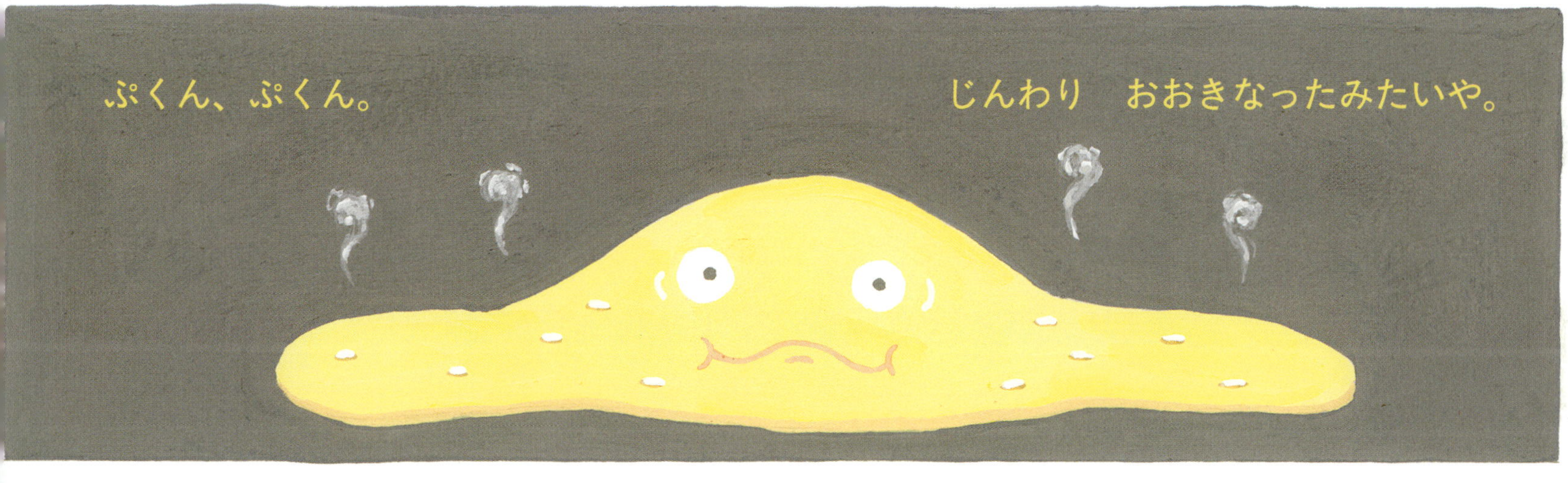

ぷくん、ぷくん。

じんわり　おおきなったみたいや。

みてみて！

ホットケーキに　へんしんしてん。
おいしそうやろ？

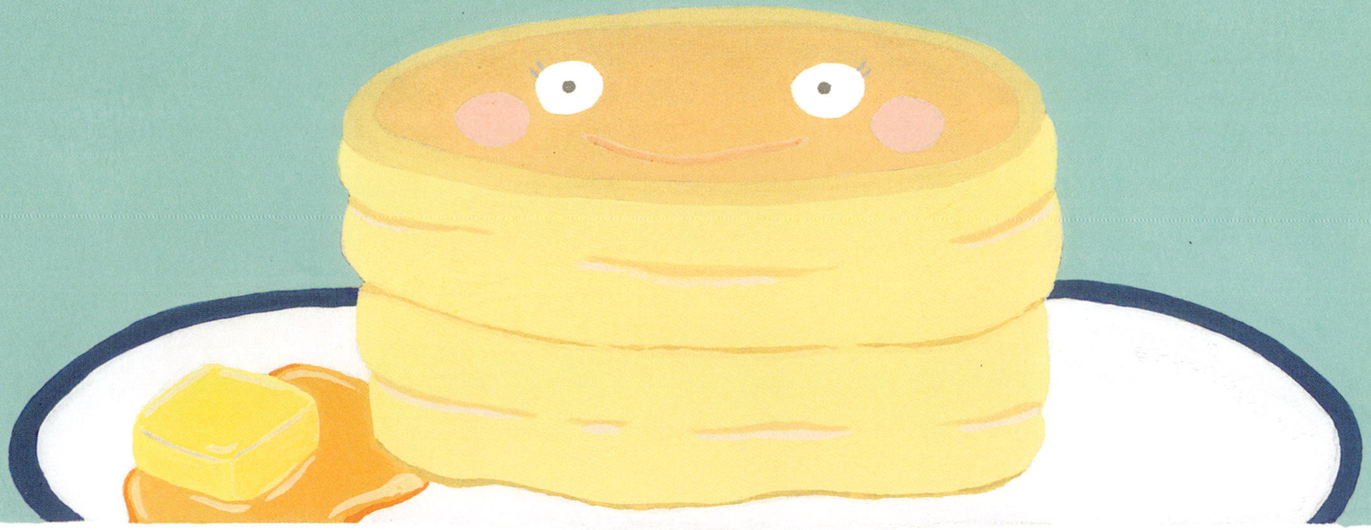

こんどの　へんしん　なんやろな。

しろみが　こんかい　あらへんわ。

あぶらと　すぅが　いっしょやで。

また　まぜこぜや。

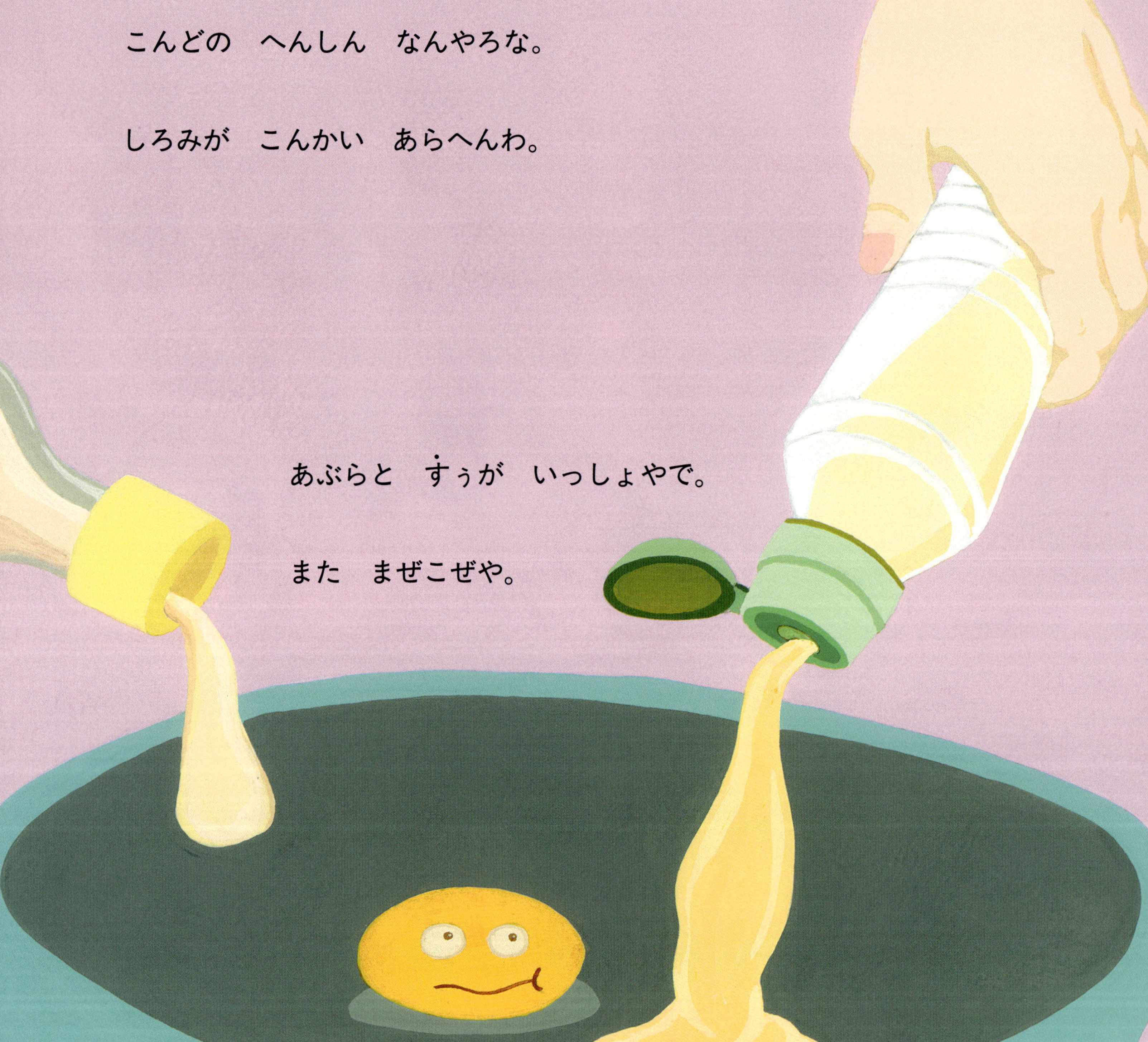

とろ〜り、クリームみたいになったで。

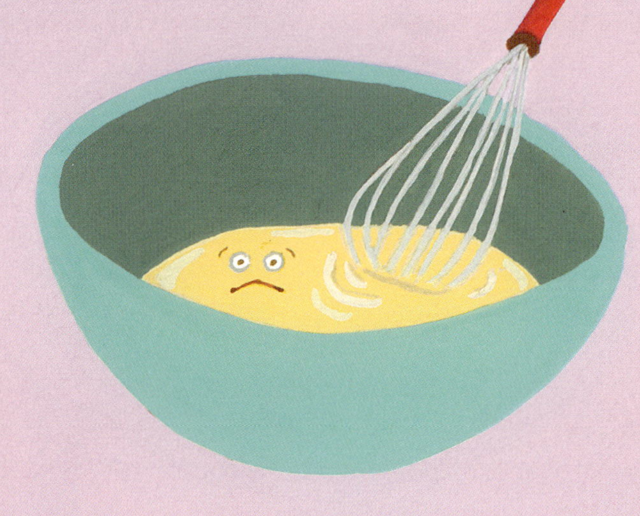

いろも　ちょっぴり　しろなった。

いろじろ　しっとり　とろろんろん。

あ、これ　マヨネーズやん。
いろんな　おりょうりに　つけられる。

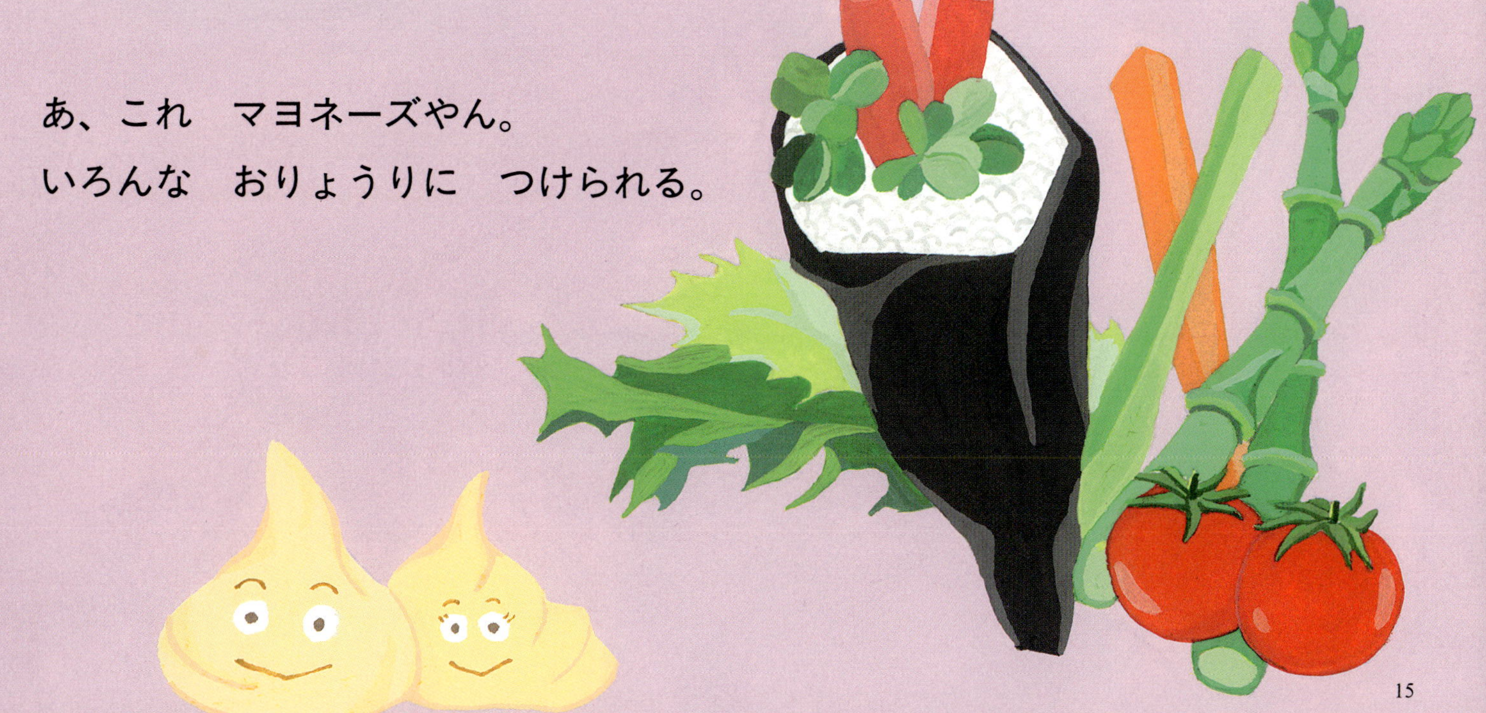

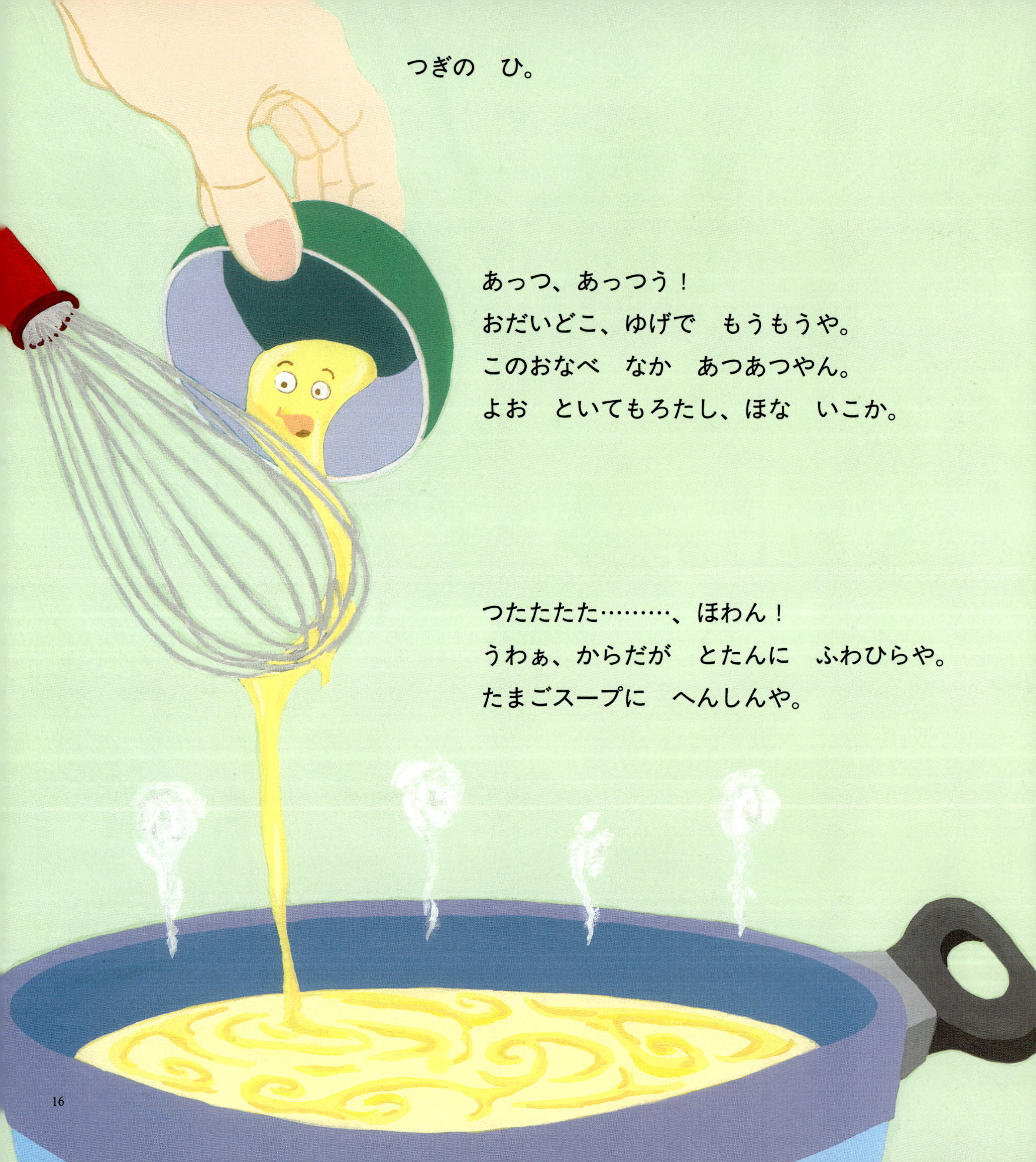

つぎの　ひ。

あっつ、あっつう！
おだいどこ、ゆげで　もうもうや。
このおなべ　なか　あつあつやん。
よお　といてもろたし、ほな　いこか。

つたたたた………、ほわん！
うわぁ、からだが　とたんに　ふわひらや。
たまごスープに　へんしんや。

べつの　ひ。
ひえええええ、ちべたぁっ！
きょうは　えっらい　つめたいやん。

おみずと　こむぎこと
あ、こおりが　はいってる。
どうりで　つめたいはずやわぁ。

ひゃああああああ、あっつうっ！
このあぶら
めぇっちゃ　あっつい。
こりゃ　きぃつけな　あかんな。

カラリッ。
てんぷらの　できあがりぃ。

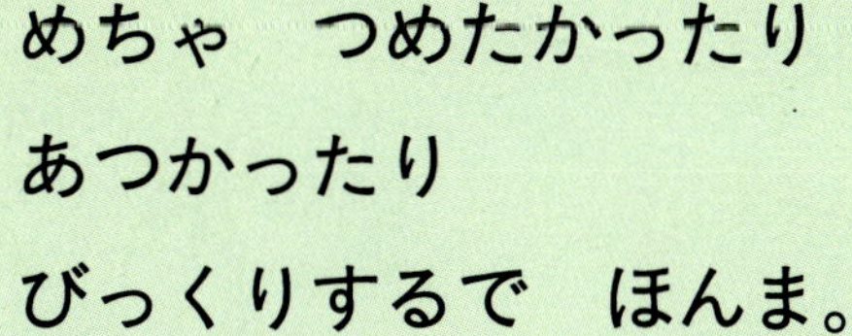

めちゃ　つめたかったり
あつかったり
びっくりするで　ほんま。

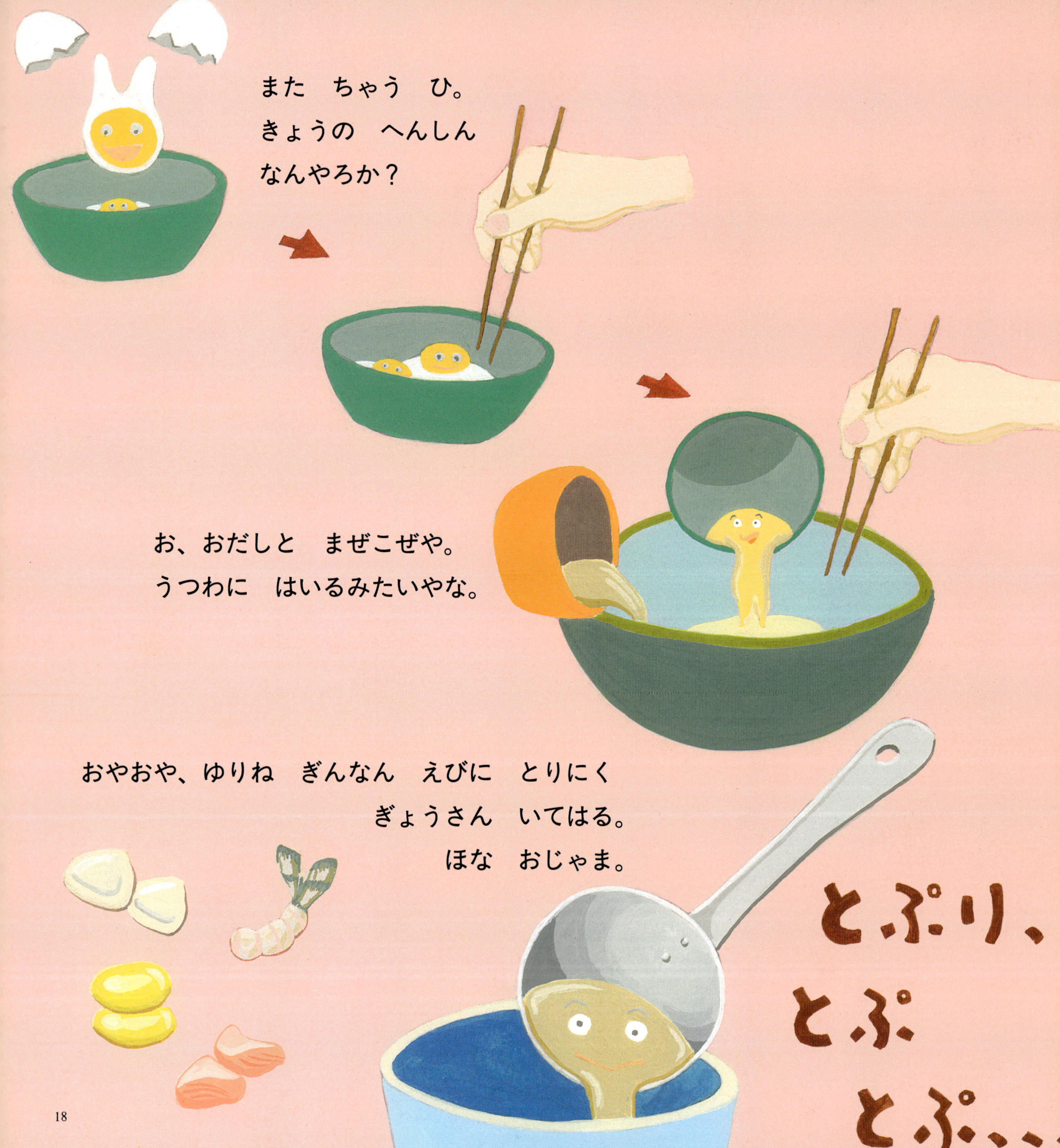

またちゃうひ。
きょうのへんしん
なんやろか？

お、おだしとまぜこぜや。
うつわにはいるみたいやな。

おやおや、ゆりねぎんなんえびにとりにく
ぎょうさんいてはる。
ほなおじゃま。

このまま　むされるんかぁ。

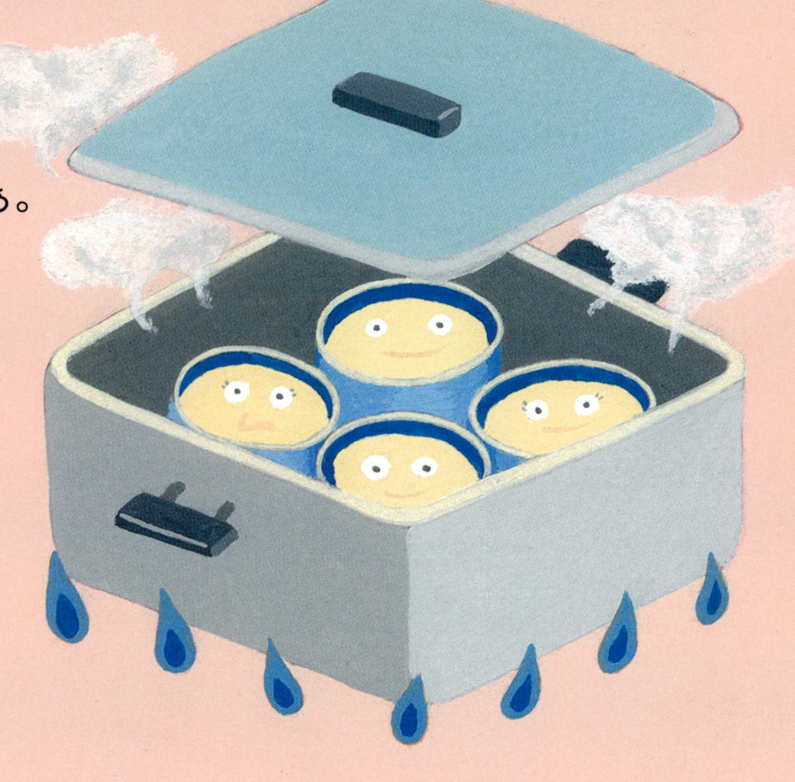

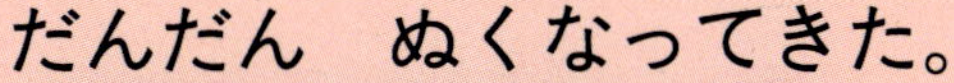

だんだん　ぬくなってきた。

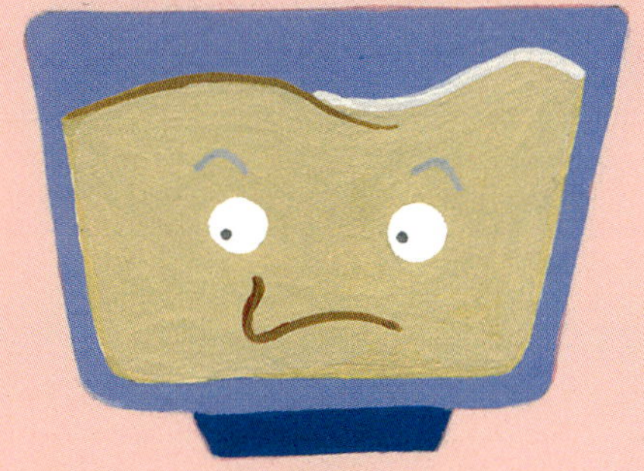

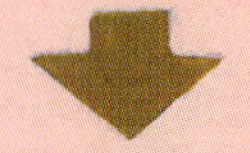

なんか　いろ　かわってきたで。

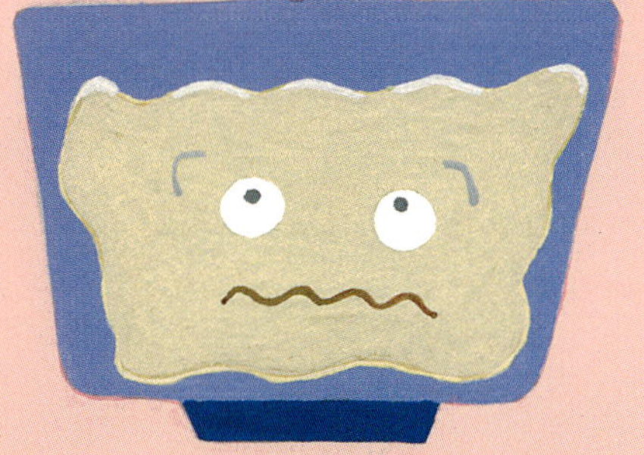

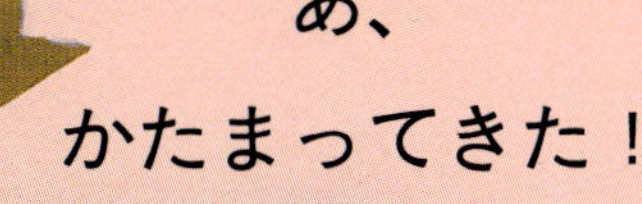

あ、
かたまってきた！

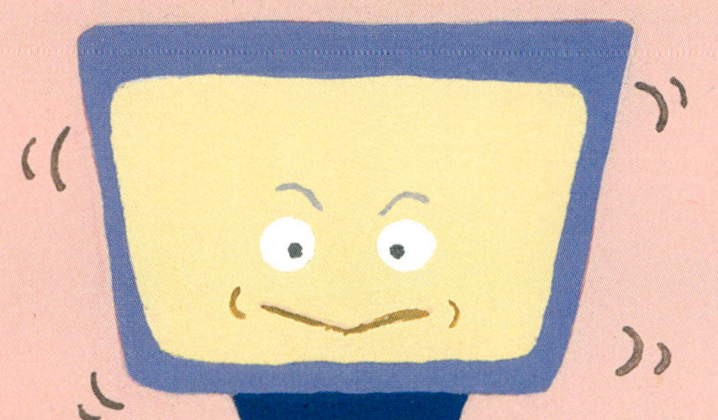

ちゃわんむしやで、ぷるるんっ。

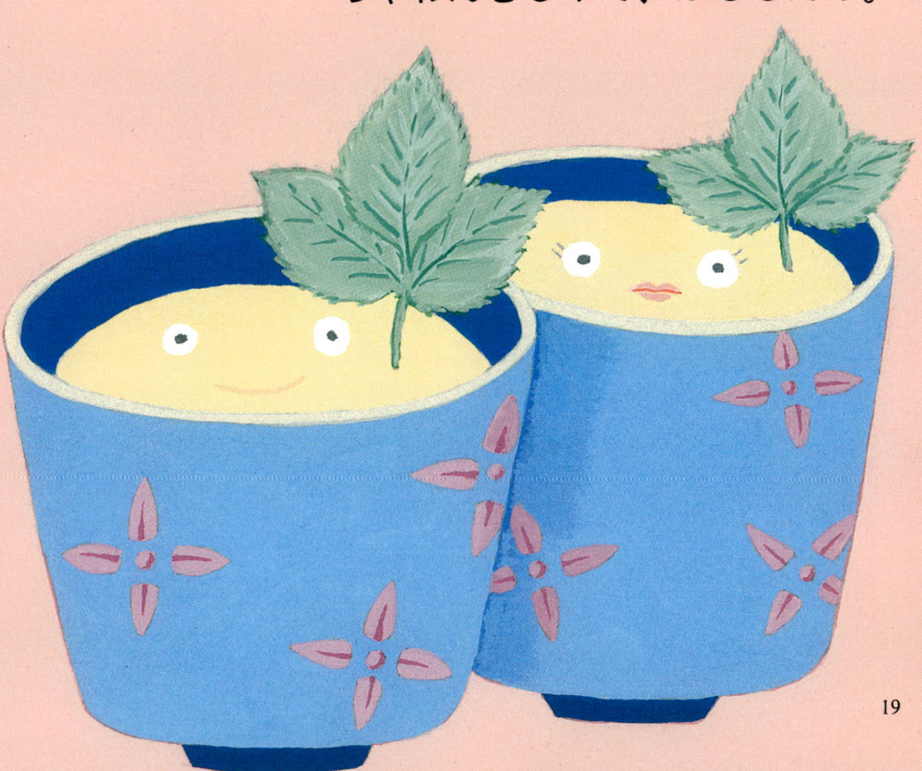

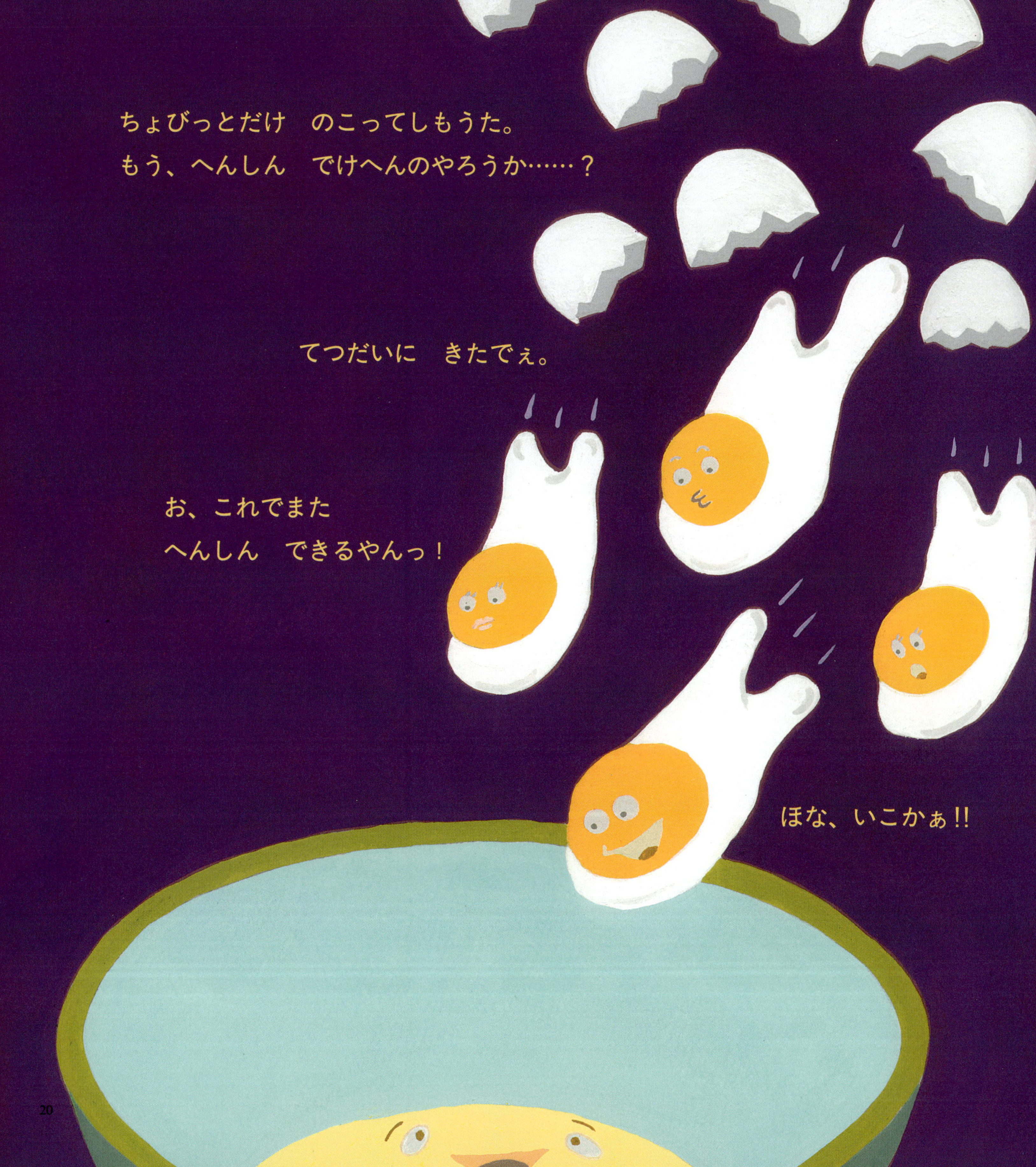
ちょびっとだけ　のこってしもうた。
もう、へんしん　でけへんのやろうか……？
てつだいに　きたでぇ。
お、これでまた
へんしん　できるやんっ！
ほな、いこかぁ!!

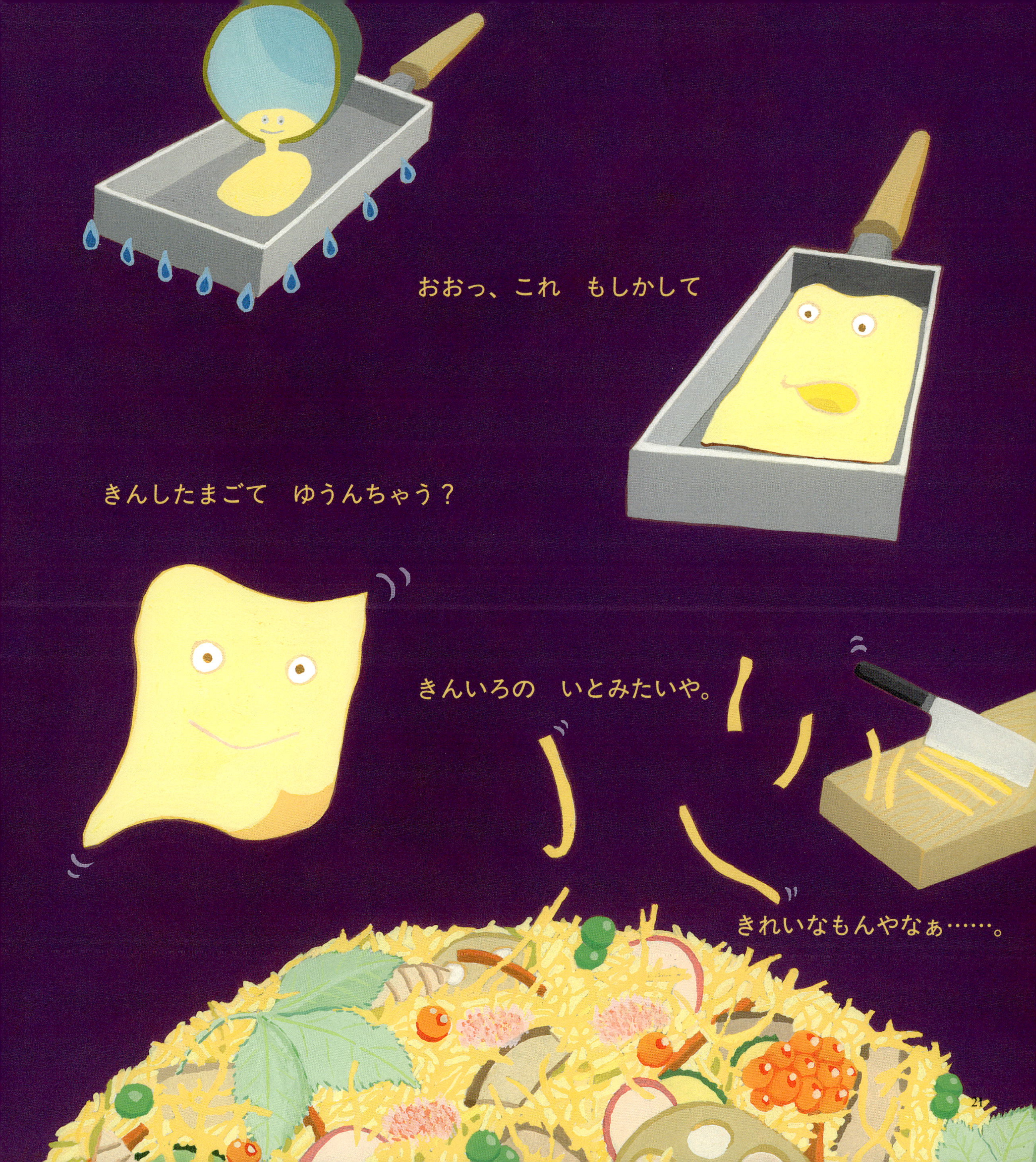

おおっ、これ　もしかして
きんしたまごて　ゆうんちゃう？
きんいろの　いとみたいや。
きれいなもんやなぁ……。

さてと、

きょうや。

のこった　たまご

みぃんな　つこうたら。

いったい

どんな　へんしん　できるやろ？

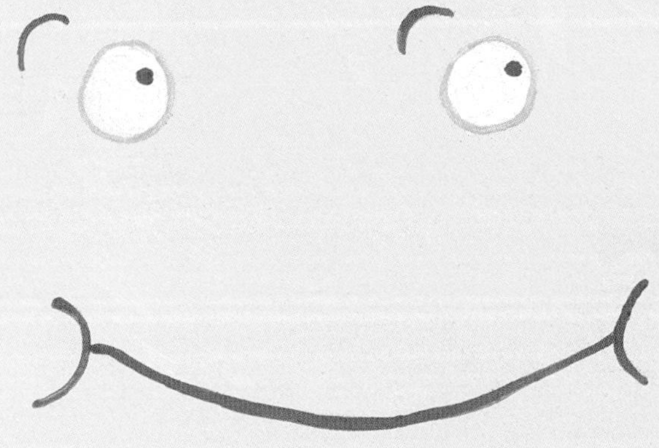

ん？？？

オムレツやで。ごぉっついやろ？

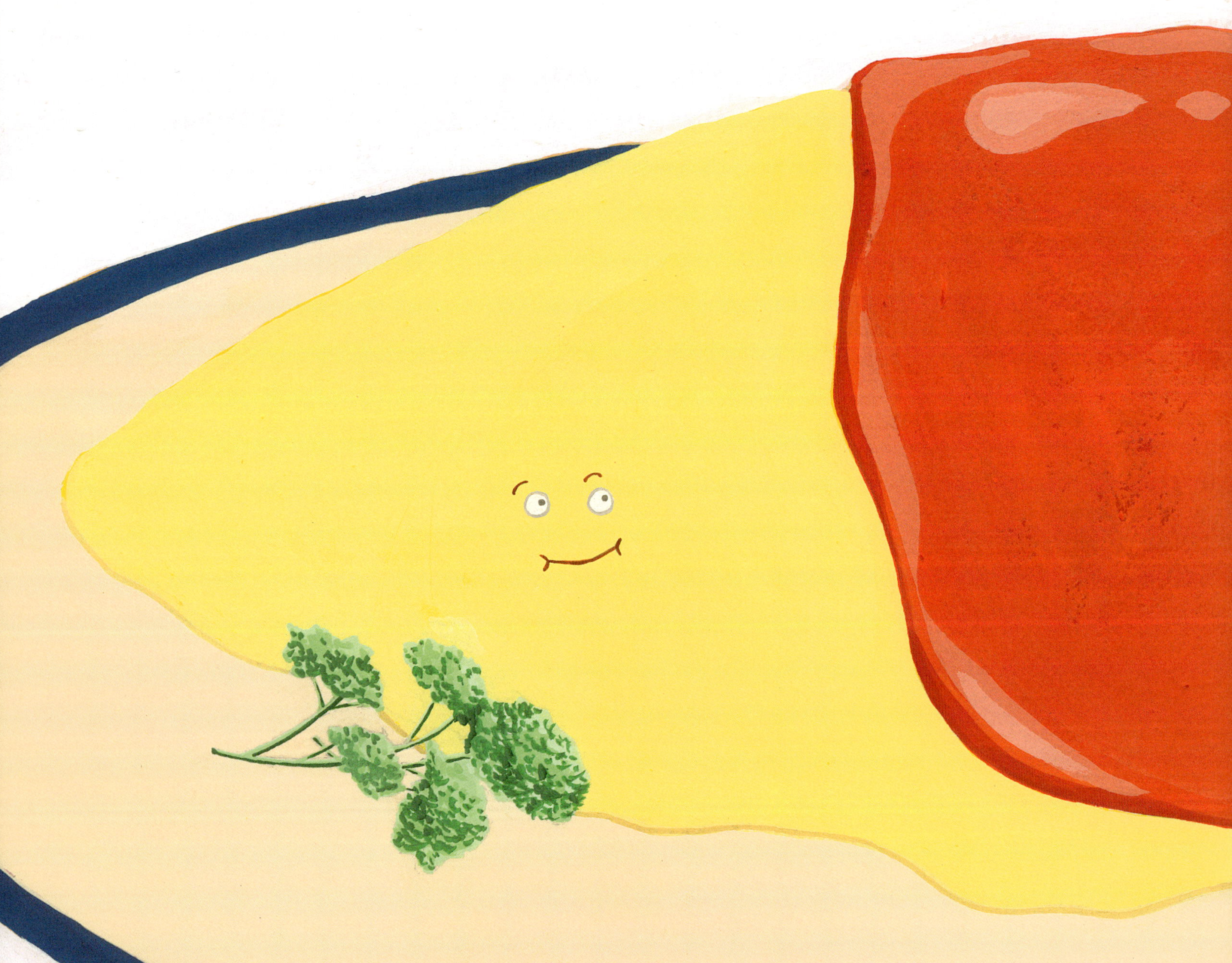

みんなで　なかよう　たべてやぁ～!!

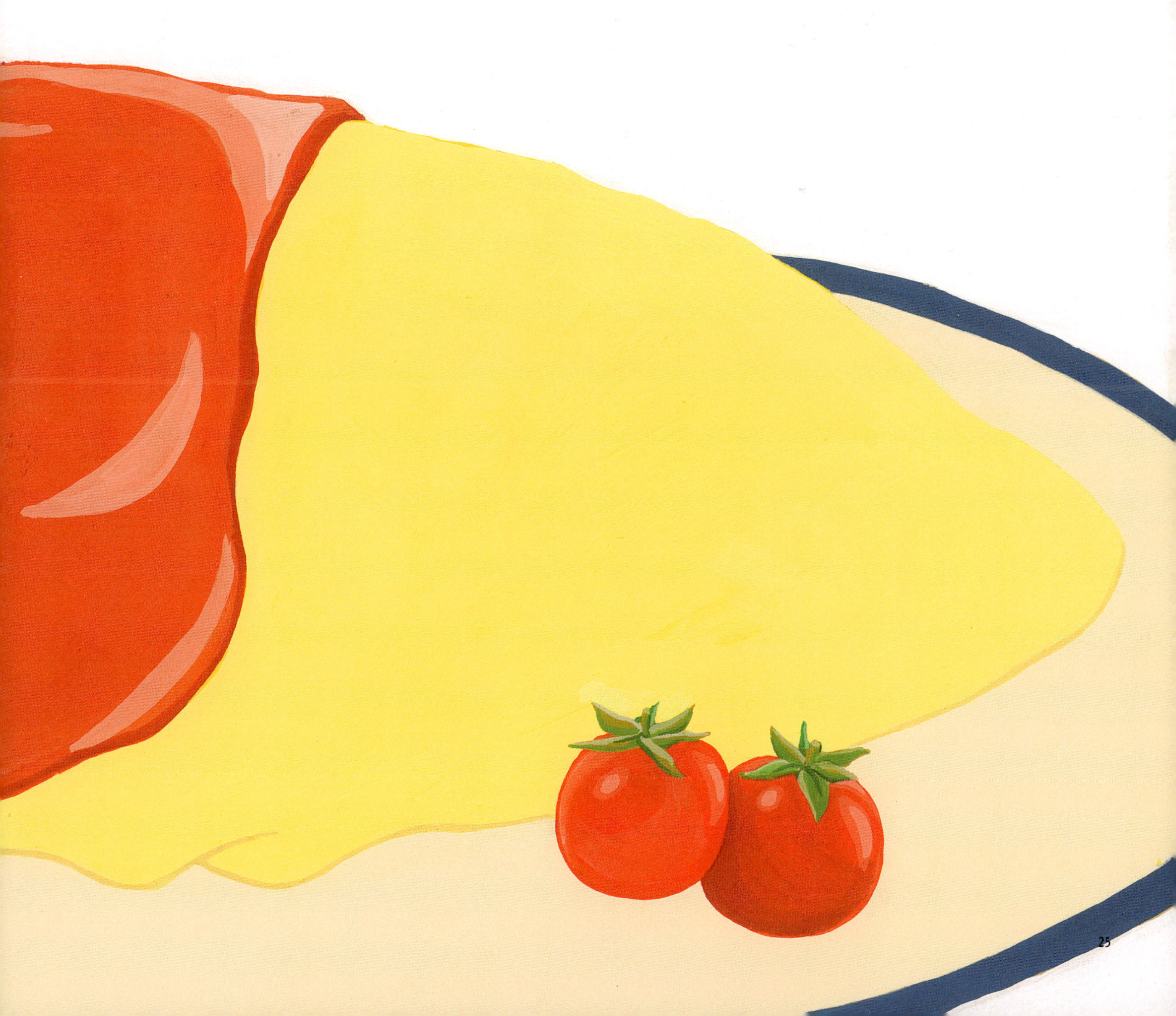

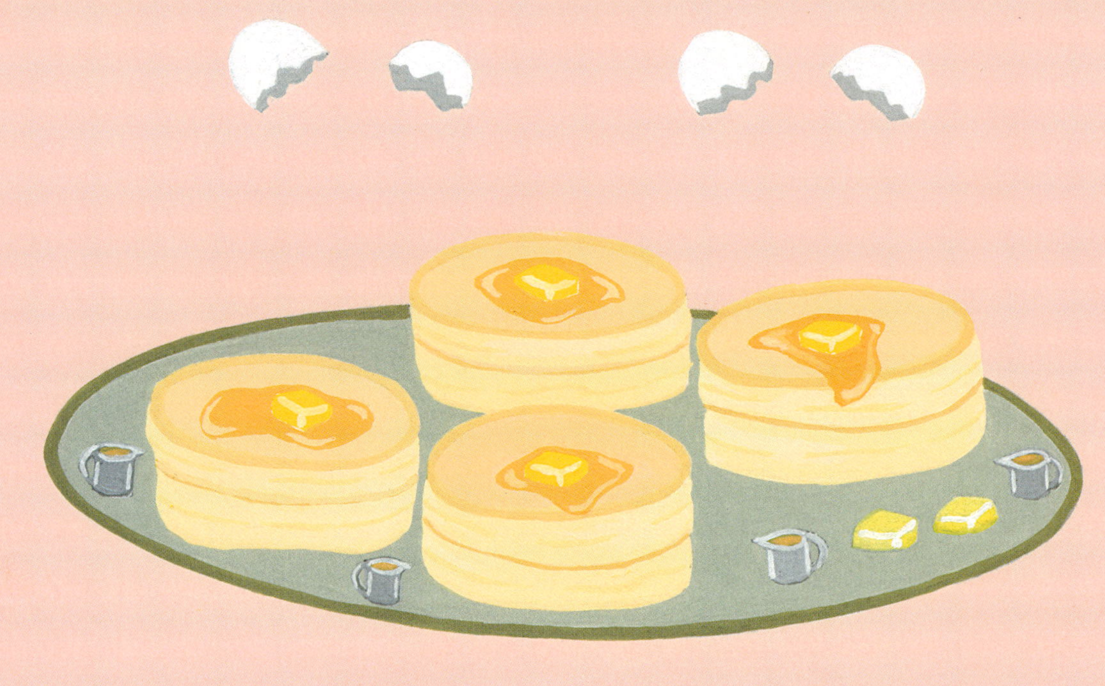

こんなに　あれこれ

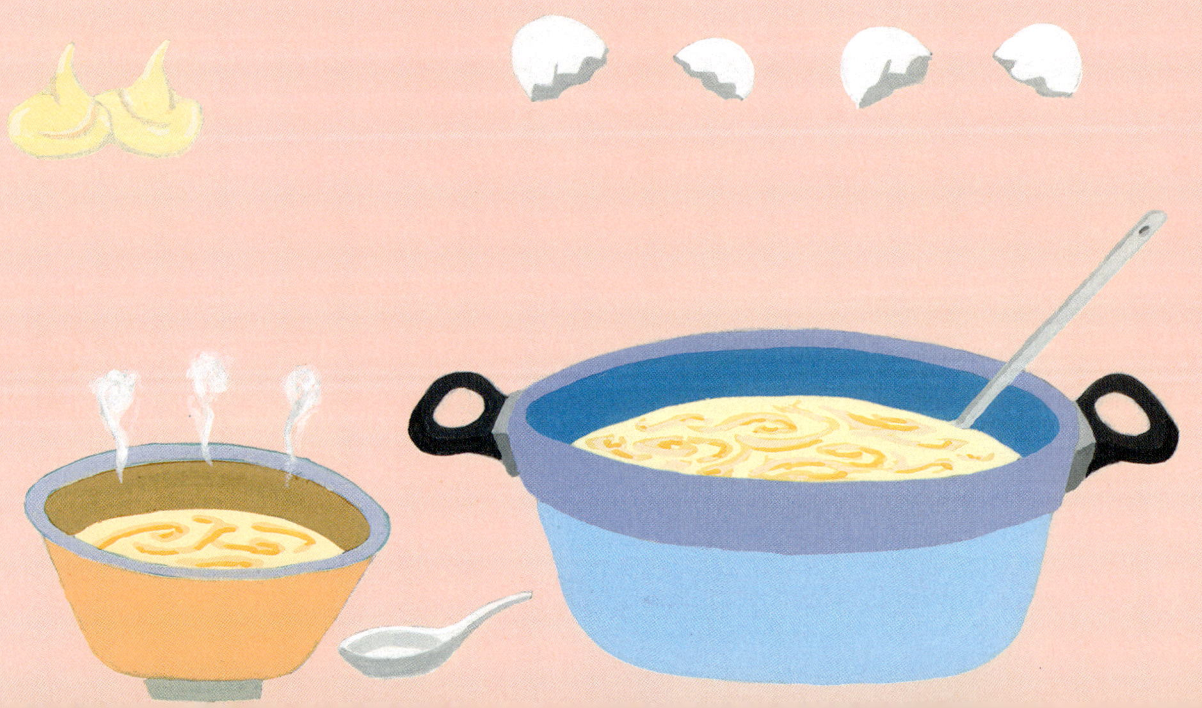

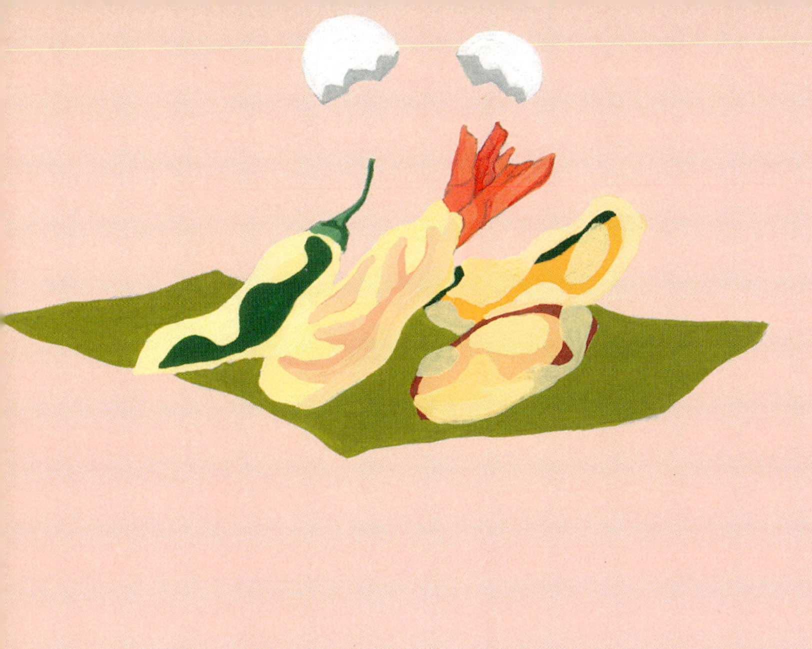

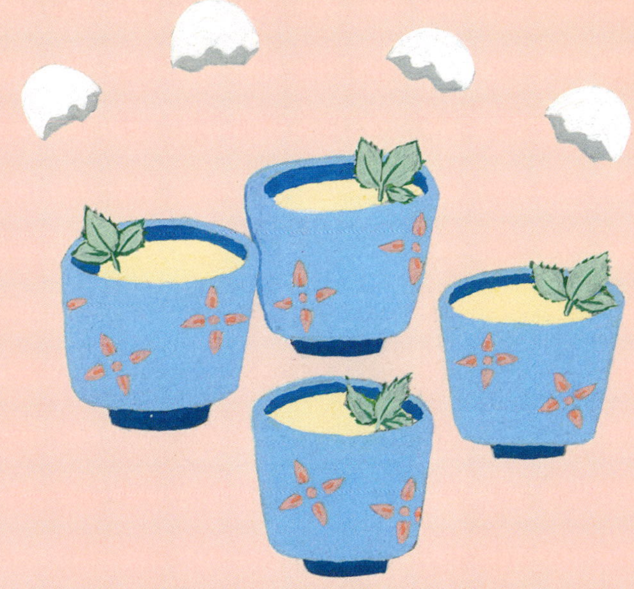

へんしん　できた!!

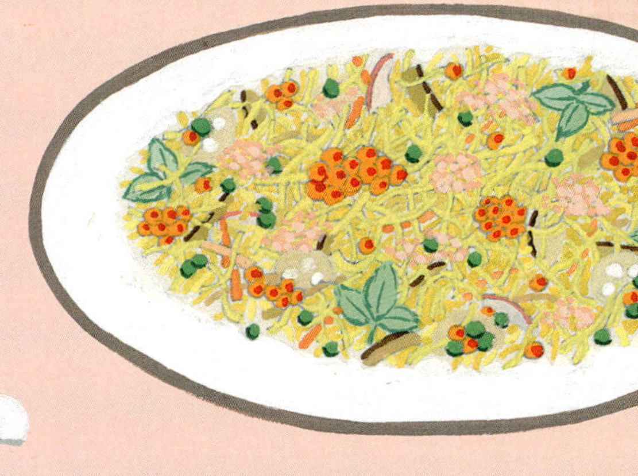

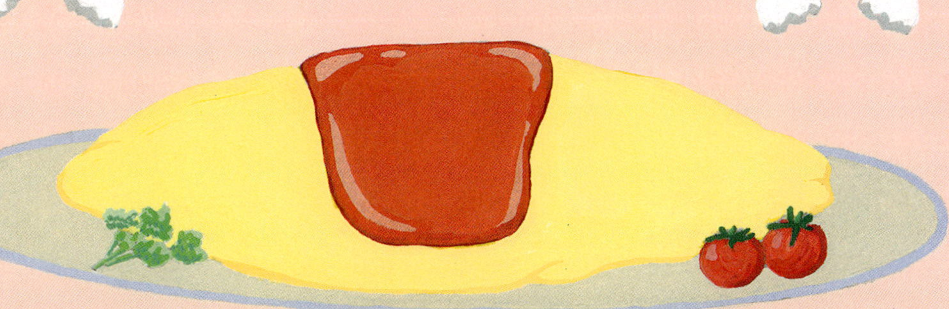

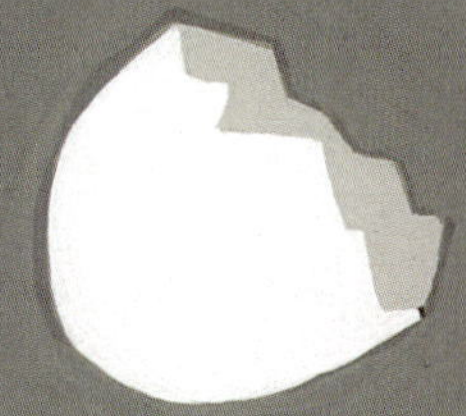

おしまい

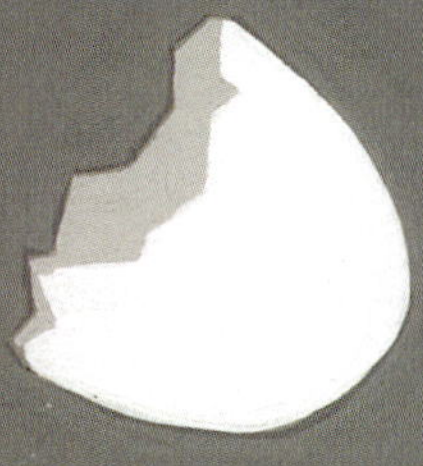